Essere un Supereroe
Being a Superhero

Liz Shmuilov

Illustrato da Mary K. Biswas

www.kidkiddos.com
Copyright ©2019 by KidKiddos Books Ltd.
support@kidkiddos.com

All rights reserved. No part of this book may be reproduced in any form or by any electronic or mechanical means, including information storage and retrieval systems, without written permission from the publisher, except in the case of a reviewer, who may quote brief passages embodied in critical articles or in a review.

Tutti i diritti sono riservati. Nessuna parte di questa pubblicazione può essere riprodotta, memorizzata in sistemi di recupero o trasmessa in qualsiasi forma o attraverso qualsiasi mezzo elettronico, meccanico, mediante fotocopiatura, registrazione o altro, senza l'autorizzazione del possessore del copyright.
First edition, 2019

Translated from English by Debora Salvo
Tradotto dall'inglese da Debora Salvo
Italian editing by Martina Roic and Vera Ventura
Revisione del testo in italiano a cura di Martina Roic e Vera Ventura

Library and Archives Canada Cataloguing in Publication
Being a Superhero (Italian English Bilingual Edition)/ Liz Shmuilov
ISBN: 978-1-5259-1867-4 paperback
ISBN: 978-1-5259-1868-1 hardcover
ISBN: 978-1-5259-1866-7 eBook

Please note that the Italian and English versions of the story have been written to be as close as possible. However, in some cases they differ in order to accommodate nuances and fluidity of each language.
Le versioni in inglese e italiano della storia sono state scritte in modo da essere più simili possibile. Tuttavia, in alcuni casi, esse variano per adattarsi alla fluidità e alle sfumature della lingua.

Ciao amici! Il mio nome è Maya e sono una lucertola. Voglio raccontarvi la storia del mio migliore amico, Ron la Rana, che è diventato un supereroe.

Hi friends! My name is Maya. I am a lizard. I want to tell you a story about my best friend Ron the frog, who became a superhero.

Un giorno d'estate ero a casa di Ron a guardare il nostro programma di supereroi preferito.

One summer day, I was at Ron's house watching our favorite superhero show.

"Sai", disse all'improvviso Ron, "sarebbe davvero bello essere un supereroe, così potremmo aiutare gli altri!"

"You know," Ron said suddenly, "it would be cool to be a superhero. Then we would be able to help others!"

"È un'idea fantastica!", risposi. Avevo già in testa un milione di idee. "Potrei diventare la tua allenatrice e insegnarti tutto quello che un supereroe dovrebbe sapere!"

"That's a great idea!" I replied, millions of thoughts racing through my mind. "I could be your coach and teach you all the things a superhero needs to know!"

E aggiunsi: "Ho guardato molti film, posso insegnarti tutto."

"I've watched a lot of movies. I can teach you!" I added.

Non appena sentì la mia risposta, sul viso di Ron apparve uno sguardo di speranza.

As he heard this, a look of hope appeared on Ron's face.

"Ma ogni supereroe ha bisogno di un superpotere", mormorò.

"But every superhero needs a superpower," he said quietly.

Ci pensai per un attimo. "Il tuo superpotere potrebbe essere il tuo talento nei salti lunghi! Oh, e le tue mani a ventosa!"

I thought for a moment. "Your superpower can be your talent in long jumps! Oh, and your sticky hands!"

"Sì!", disse Ron saltellando per l'emozione.

"Yes!" Ron jumped with excitement.

"Ora ci serve un costume, qualcosa che tutti potranno riconoscere", dissi.

"Now we need a costume. Something everyone will recognize," I said.

Ron corse in camera sua e prese una maglietta rossa. "Possiamo disegnare una grande stella su questa maglietta!"

Ron ran to his room and brought out a red shirt. "We can color a big star on this shirt!"

"Ottima idea!", sorrisi. "Che ne dici di un mantello?"

"Great idea!" I smiled. "How about a cape?"

"Possiamo usare la mia coperta preferita!", esclamò Ron. I suoi occhi luccicavano.

"We can use my favorite blanket!" exclaimed Ron. His eyes sparkled.

Ci mettemmo subito al lavoro, disegnando e colorando la maglietta di Ron.

We got straight to work, drawing and painting on Ron's shirt.

"È bellissima! Sembrerai un vero supereroe!", dissi quando finimmo.

"It looks amazing! You will look like a real superhero!" I said when we finished.

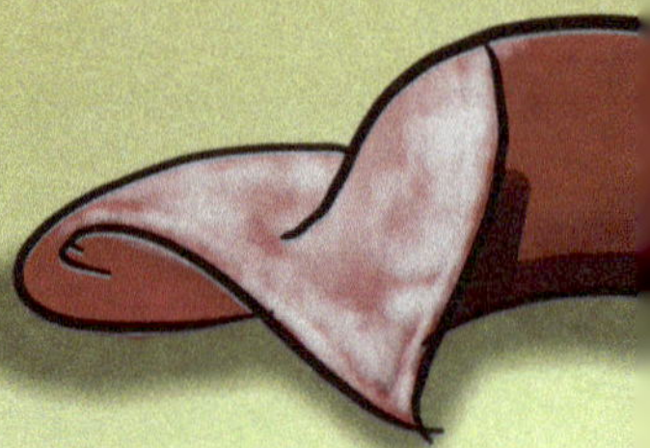

La mattina dopo ci incontrammo al parco e iniziammo ad esercitarci.

The next morning, we met at the park and started practicing.

"Oggi ti insegnerò alcune cose importanti che ogni supereroe deve sapere: Le Tre Regole del Supereroe."

"Today, I will teach you a few important things every superhero needs to know: The Three Superhero Rules."

Ci sedemmo sulla panchina e spiegai le regole a Ron.

We sat down on the bench and I explained the rules to Ron.

"Regola numero uno: non arrenderti mai, non importa quanto sia difficile la situazione."

"Rule number one: never give up, no matter how difficult the situation gets."

"Regola numero due: impara dagli errori, così che tu possa fare di meglio la volta successiva."

"Rule number two: learn from your mistakes, so that you can do better next time."

"Regola numero tre: ricordati sempre che puoi fare qualsiasi cosa!"

"Rule number three: always remember that you can do anything!"

Ci impegnammo a memorizzare le regole e poi tornammo a casa mia.

We worked on memorizing the rules and then headed back to my house.

Arrivati a casa, incontrammo il mio fratellino, Danny. Sembrava triste.

When we got home, we met my little brother Danny. He looked upset.

"Non riesco a trovare il mio giocattolo preferito!", strillava.
"I can't find my favorite toy!" he cried loudly.

Guardai Ron e sussurrai: "Questa sembra proprio una missione per un Supereroe!"
I glanced at Ron and whispered, "This seems like a mission for a Superhero!"

Ron sorrise e annuì. "Com'è fatto il giocattolo?", chiese.
Ron smiled and nodded. "What does the toy look like?" he asked.

"È il mio peluche, il leone del programma televisivo dei supereroi", spiegò Danny. "È grande e soffice."
"It's my stuffed toy, the lion, from the superhero TV show," explained Danny. "It's big and soft."

"Non preoccuparti, lo troveremo," lo rassicurò Ron. Iniziammo così la nostra prima missione.

"Don't worry. We will find it," Ron assured him, and we began our first mission.

Cercammo ovunque: negli armadi, accanto alle credenze, dietro i tavoli e sotto le sedie, ma il pupazzo non si trovava da nessuna parte.

We looked everywhere—in closets, beside cupboards, behind tables and under chairs. The toy was nowhere to be found.

"Voi due dovreste andare a guardare in giardino e io continuerò a cercare qui", suggerì Ron.

"You two should go look in the backyard, and I'll keep searching here," Ron suggested.

Proprio mentre io e Danny stavamo uscendo, sentimmo la voce di Ron: "L'ho trovato! L'ho trovato!"
Just as Danny and I stepped outside, we heard Ron's voice. "I found it! I found it!"

Corremmo verso di lui e guardammo il piccolo oggetto che aveva in mano.
We ran to him and looked down at the small object in his hand.

"Non è il leone di cui stavo parlando", disse Danny accigliato. "Il mio giocattolo è grande e soffice, questo invece è piccolo e di legno."
"That's not the lion I was talking about," Danny frowned. "My toy is big and soft, but this one is small and wooden."

All'inizio Ron si intristì, ma poi uno sguardo determinato si sostituì rapidamente alla delusione.

Ron's face fell at first, but a look of determination quickly replaced the disappointment.

"Non preoccuparti", disse. "Regola numero uno del Supereroe: Non arrendersi mai!"

"No worries," he said. "Superhero rule number one: Never give up!"

"Regola numero due", aggiunsi, "Impara dai tuoi errori. Stiamo cercando un peluche grande e soffice."

"Rule number two," I added, "Learn from your mistakes. We are looking for a big, soft, stuffed toy."

"Grande e soffice. Capito!", rispose Ron.

"Soft and big. Got it!" Ron replied.

"E regola numero tre", dissi, "Chi può fare qualsiasi cosa?"

"And rule number three," I said. "Who can do anything?"

"Sono un Supereroe e posso fare qualsiasi cosa!", esclamó Ron con entusiasmo.

"I'm a Superhero and I can do anything!" yelled Ron enthusiastically.

"Dobbiamo pensare come supereroi", continuò.
"We have to think like superheroes," he continued.

"Se il giocattolo non è in casa, deve essere fuori da qualche parte. Non può di certo essere volato via!", ridacchiò Ron alzando la testa verso il cielo, ma all'improvviso si bloccò.
"If the toy is not in the house, it must be somewhere outside. It's not like it can fly away!" Ron giggled and looked up to the sky, but suddenly froze.

"Che cosa stai fissando?", chiesi guardando in alto.
"What are you staring at?" I wondered, looking up also.

Ron indicò la cima del nostro grande albero di mele.
Ron pointed to the top of our big apple tree.

"Ma quello è...", mormorai.
"Is that...?" I began to mumble.

"Il mio pupazzo! L'hai trovato, Ron!", esclamò Danny.
"My toy! You found it, Ron!" Danny exclaimed.

"Ma come faremo a prenderlo dall'albero?", aggiunse a bassa voce.
"But how will we get it from the tree?" he added quietly.

"Ron può prenderlo facilmente", dissi. "Può usare i suoi poteri: le sue mani a ventosa e i suoi salti super lunghi."
"Ron can get it easily," I said. "He can use his powers — his sticky hands and super long jumps."

Ron fece un respiro profondo e si arrampicò sull'albero, saltando da un ramo all'altro.

Ron took a deep breath and began climbing the tree, jumping from branch to branch.

Raggiunse il pupazzo e scese rapidamente per consegnarlo a mio fratello.

He reached the toy and very soon, got down and handed it to my brother.

"Sei il mio eroe!", Danny rise e abbracciò forte Ron.

"You're my hero!" Danny laughed and gave Ron a big hug.

"In realtà è Maya la vera eroina", lo corresse Ron.
"Mi ha insegnato tutto quello che so!"

"Actually, Maya is the real hero," Ron corrected him.
"She taught me everything I know!"

Quel giorno imparammo che, anche se non siamo i supereroi dei film, siamo intelligenti e forti e possiamo fare qualsiasi cosa!

That day we learned that even if we're not the superheroes from the movies, we're smart and strong and can do anything we want!

E ricorda, anche tu sei un Supereroe!

And remember, you are a Superhero too!

www.ingramcontent.com/pod-product-compliance
Lightning Source LLC
Chambersburg PA
CBHW061134070526
44584CB00033B/4323